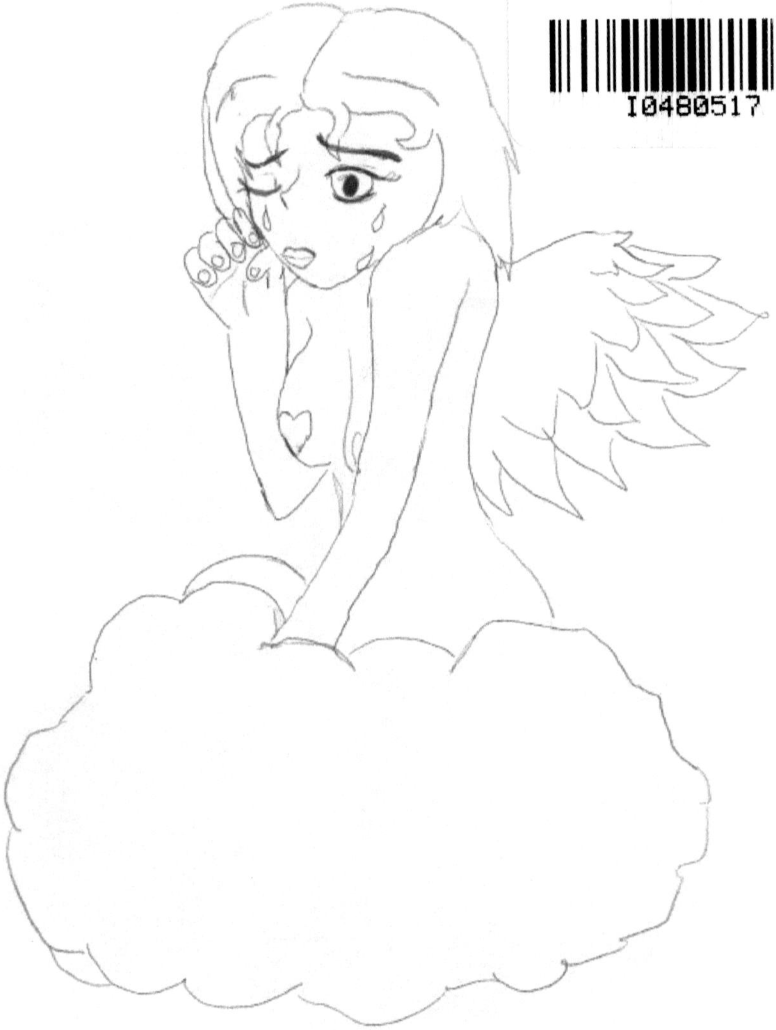

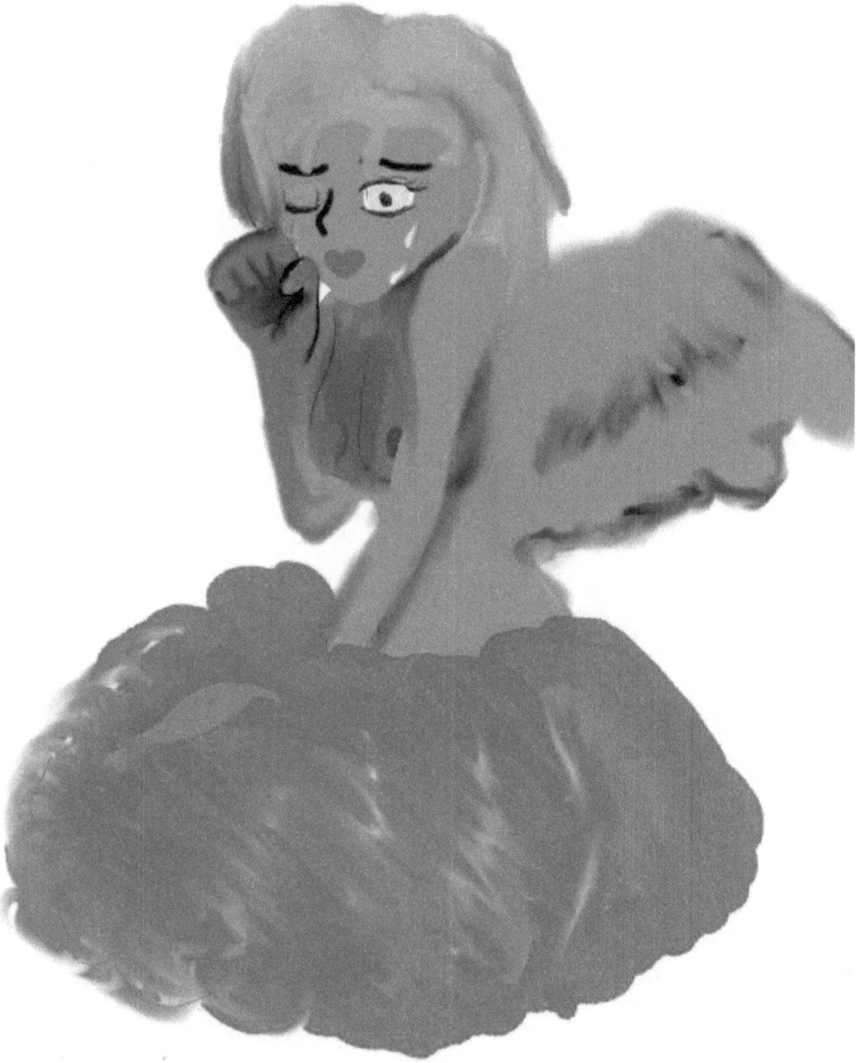

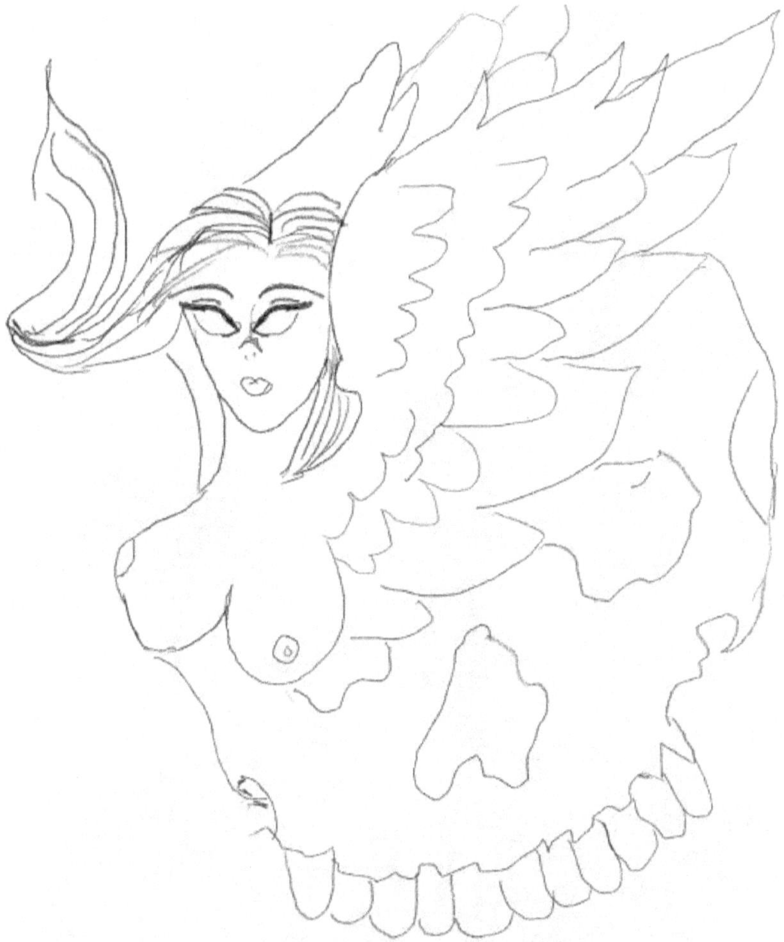

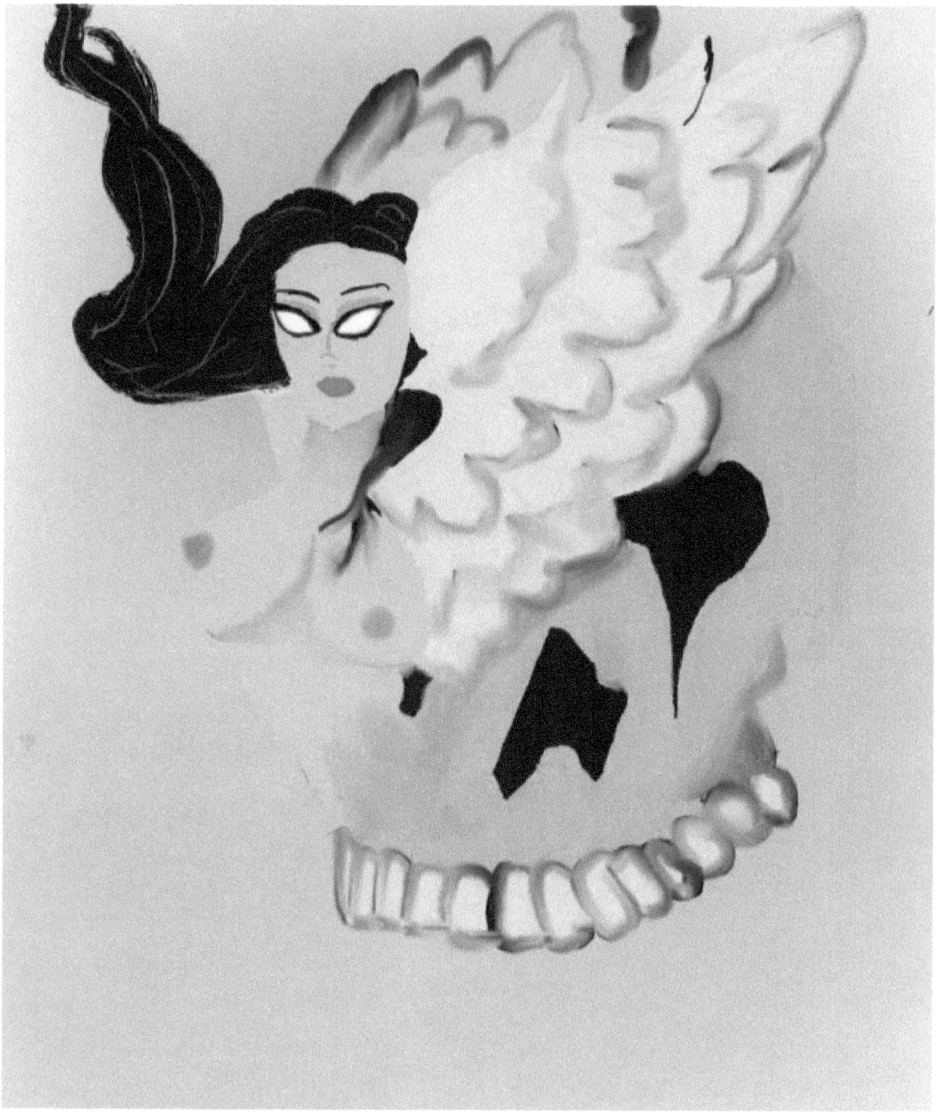

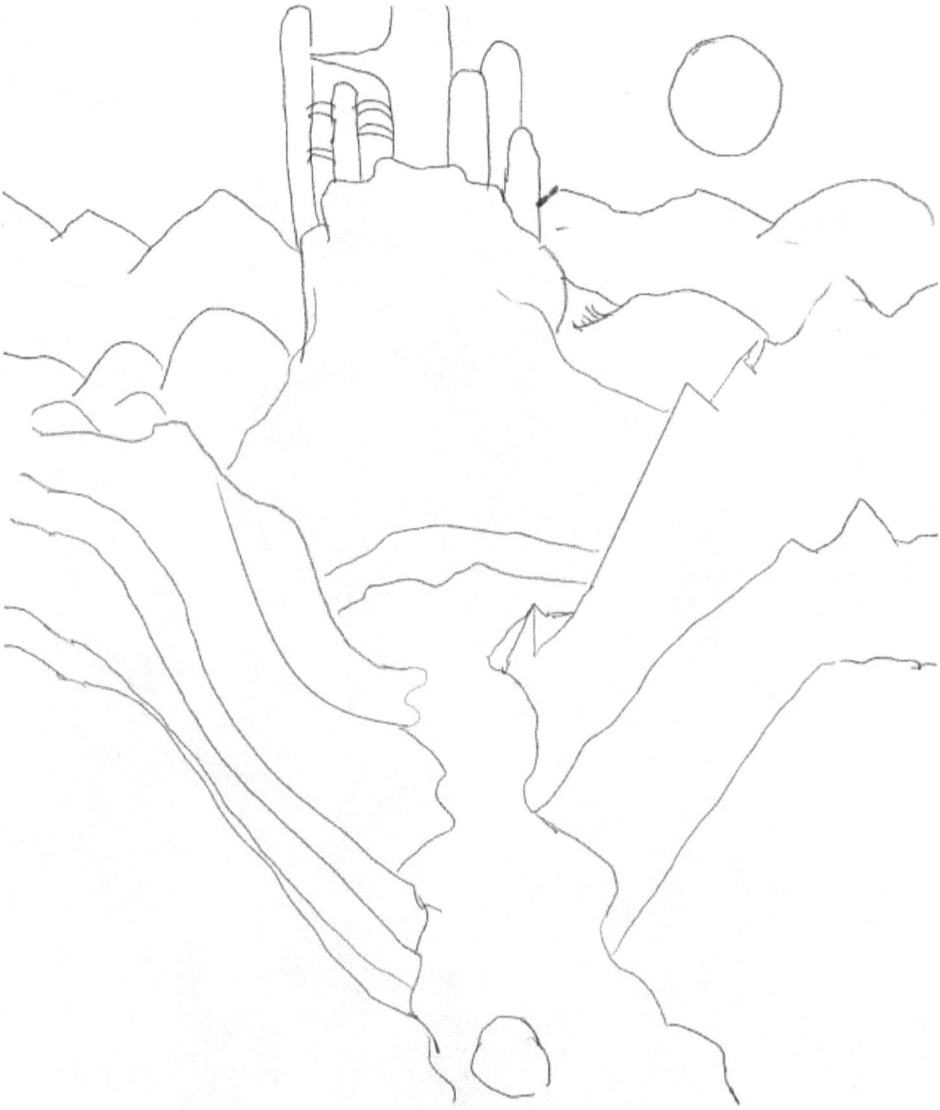

FAITH NELSON

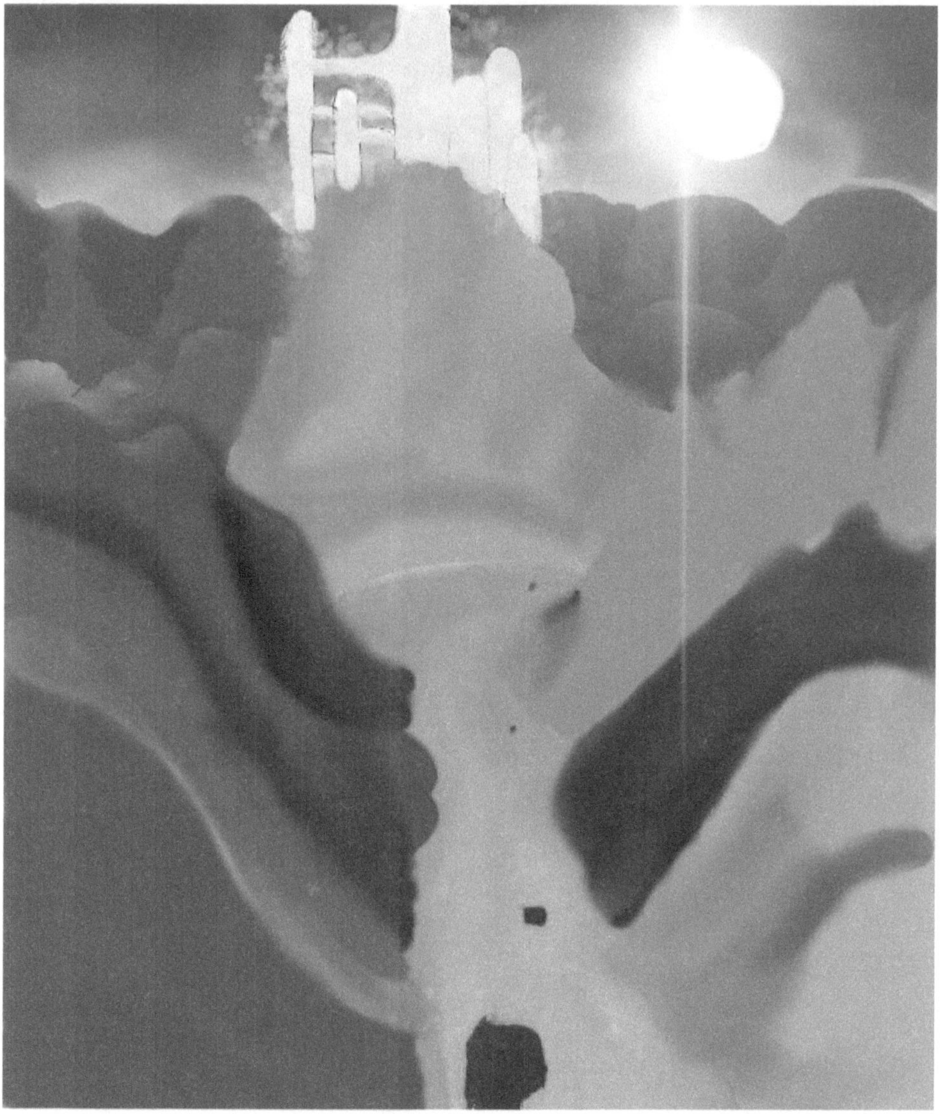

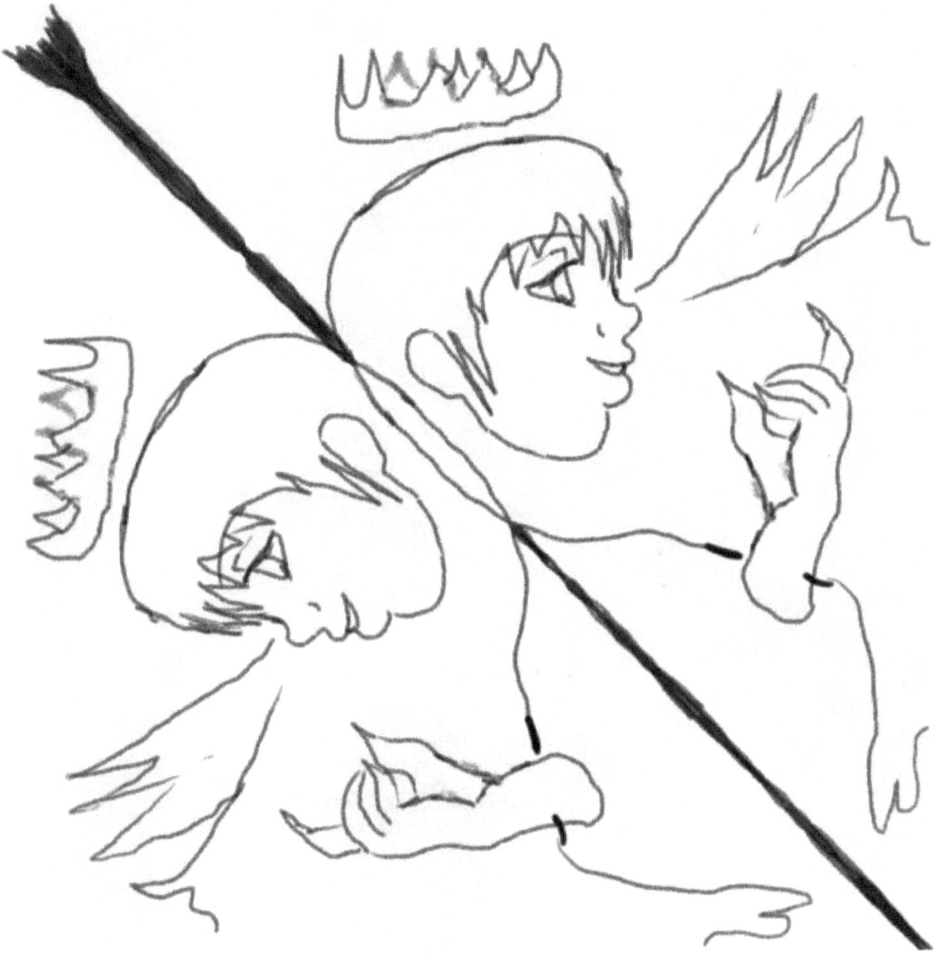

FAITH NELSON

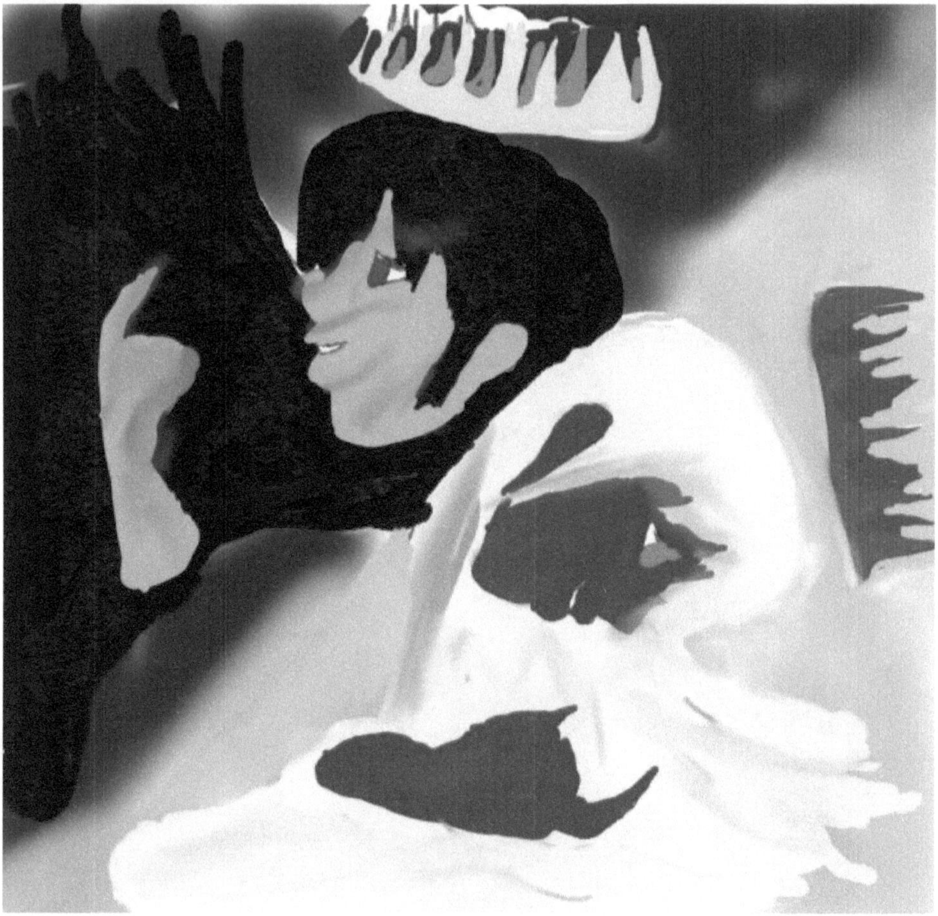

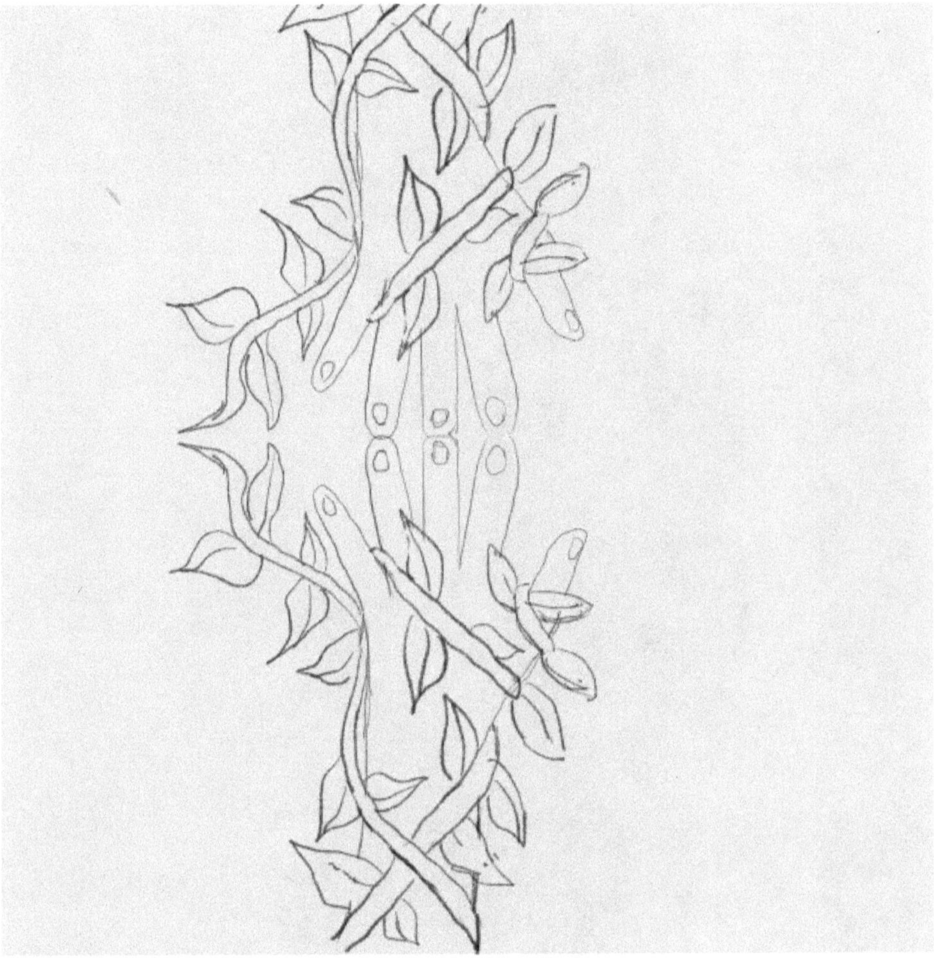

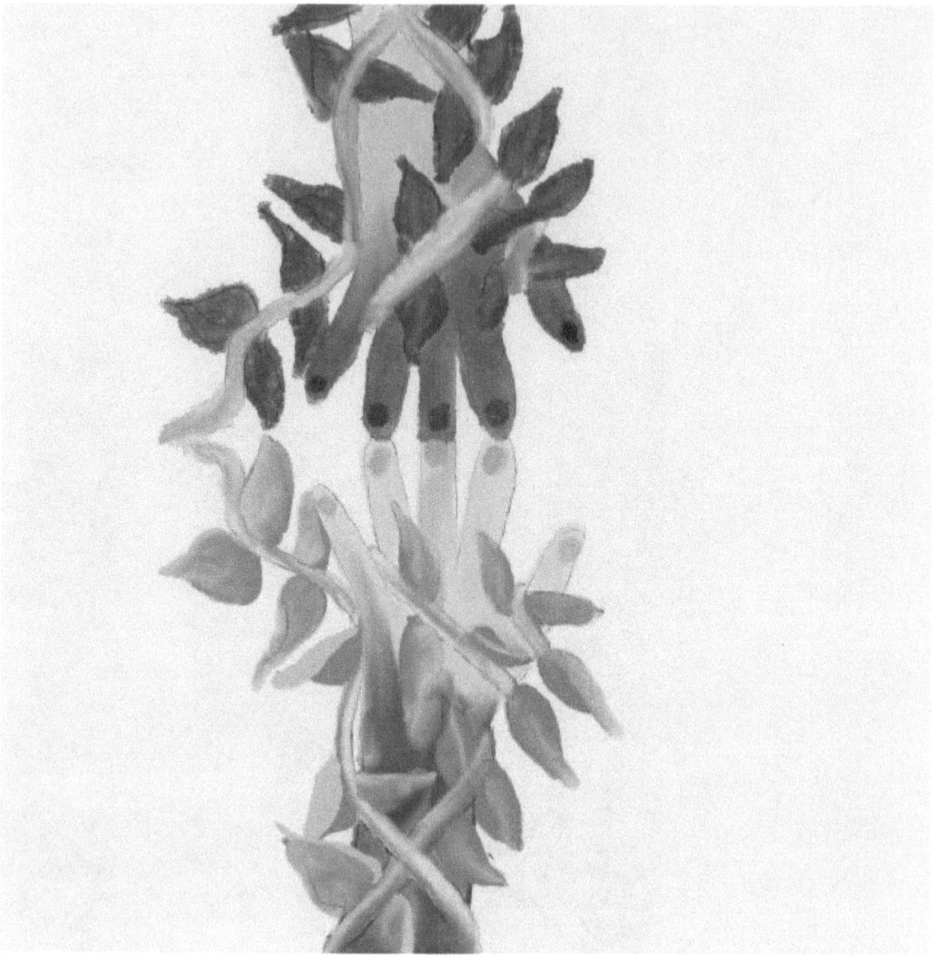

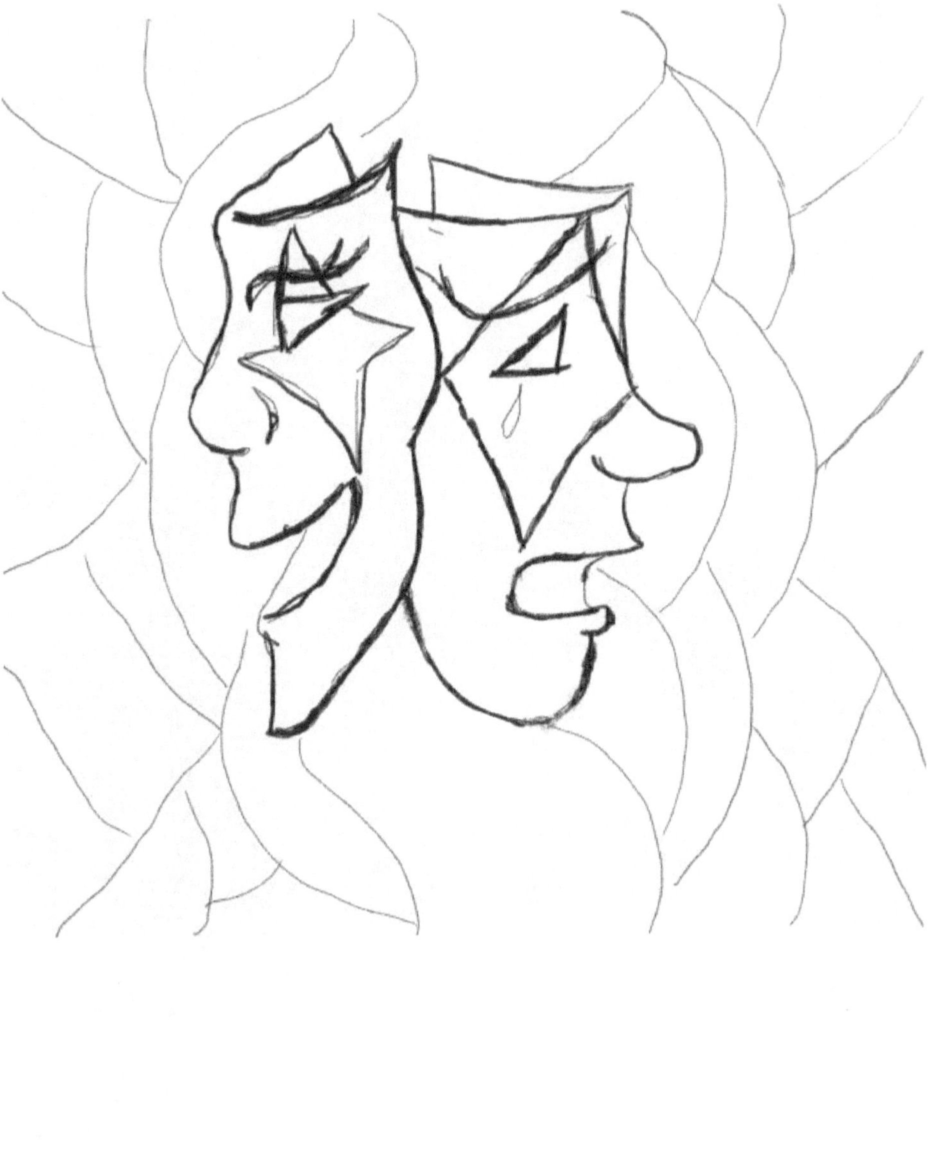

FAITH NELSON

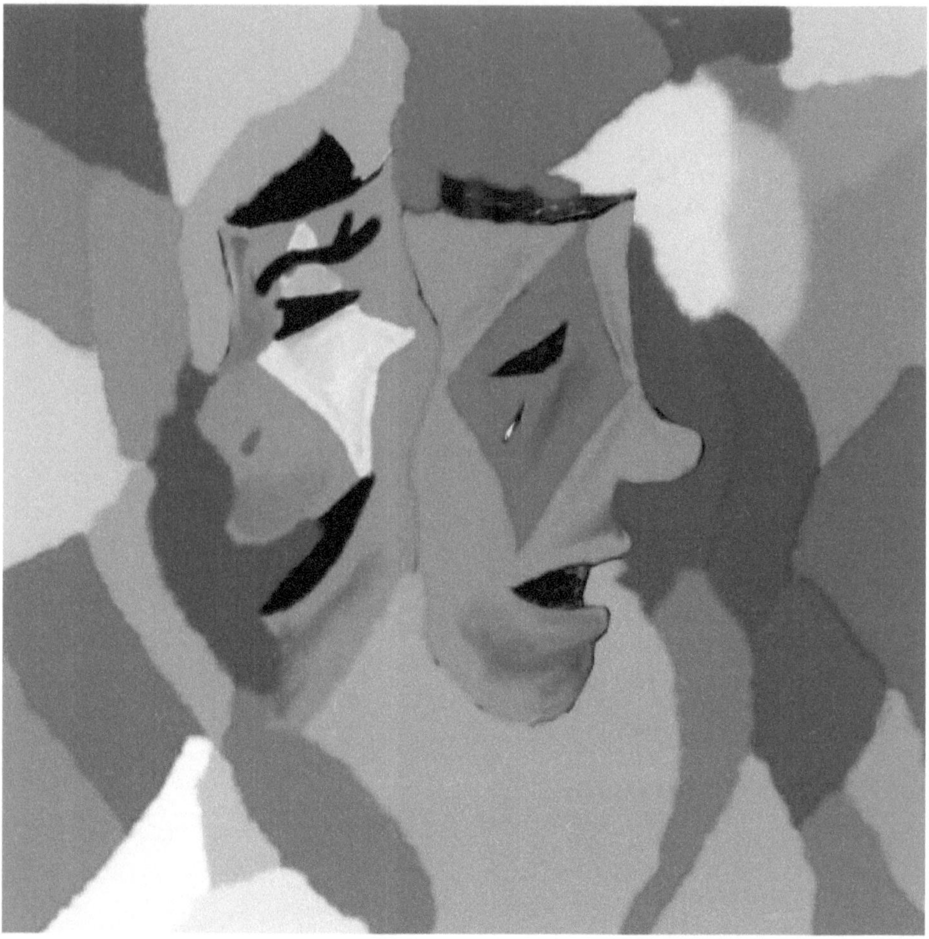

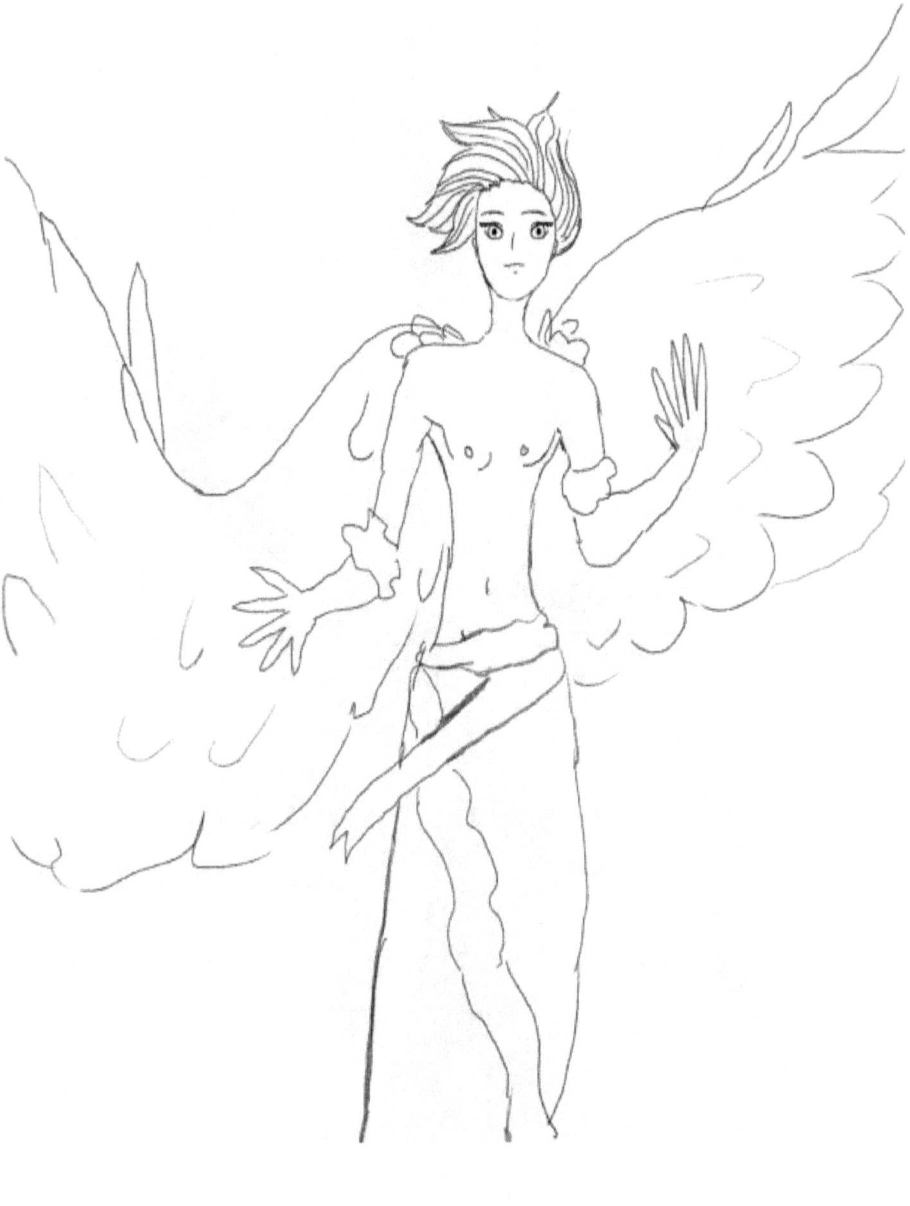

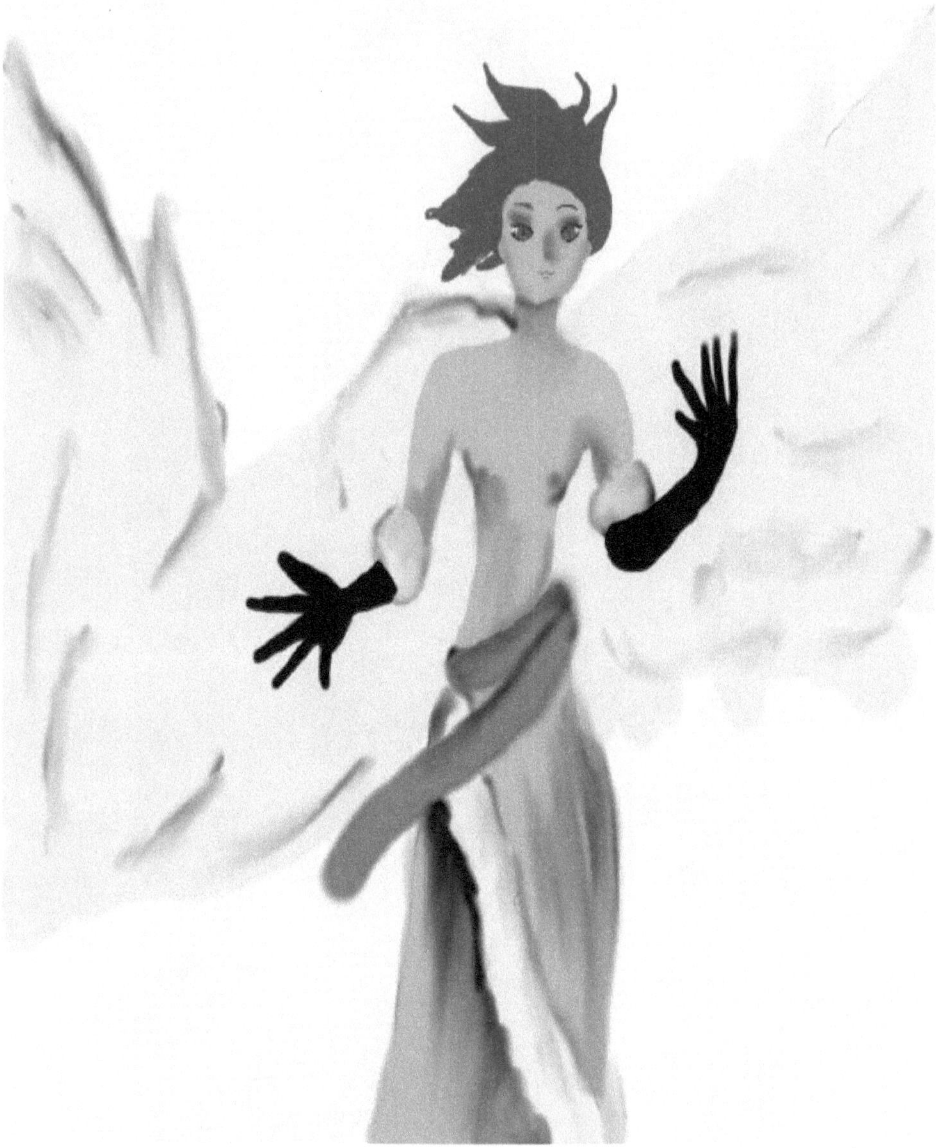

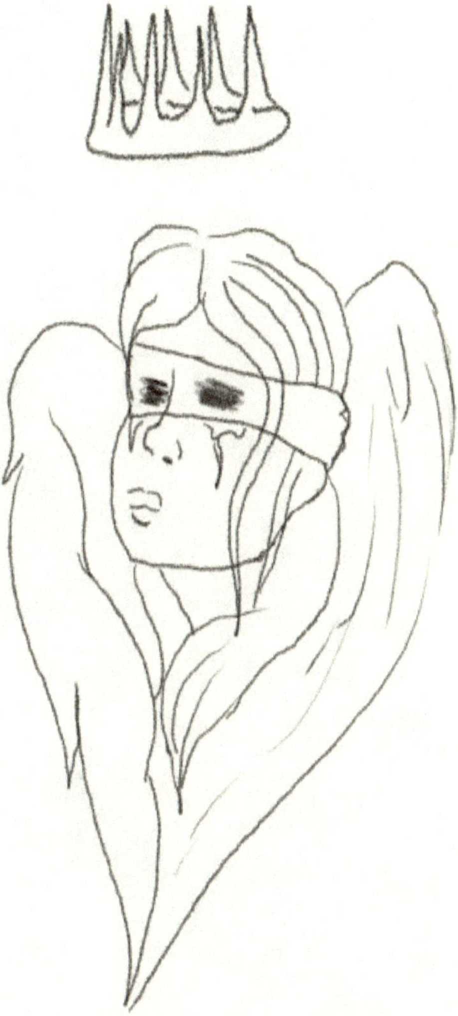

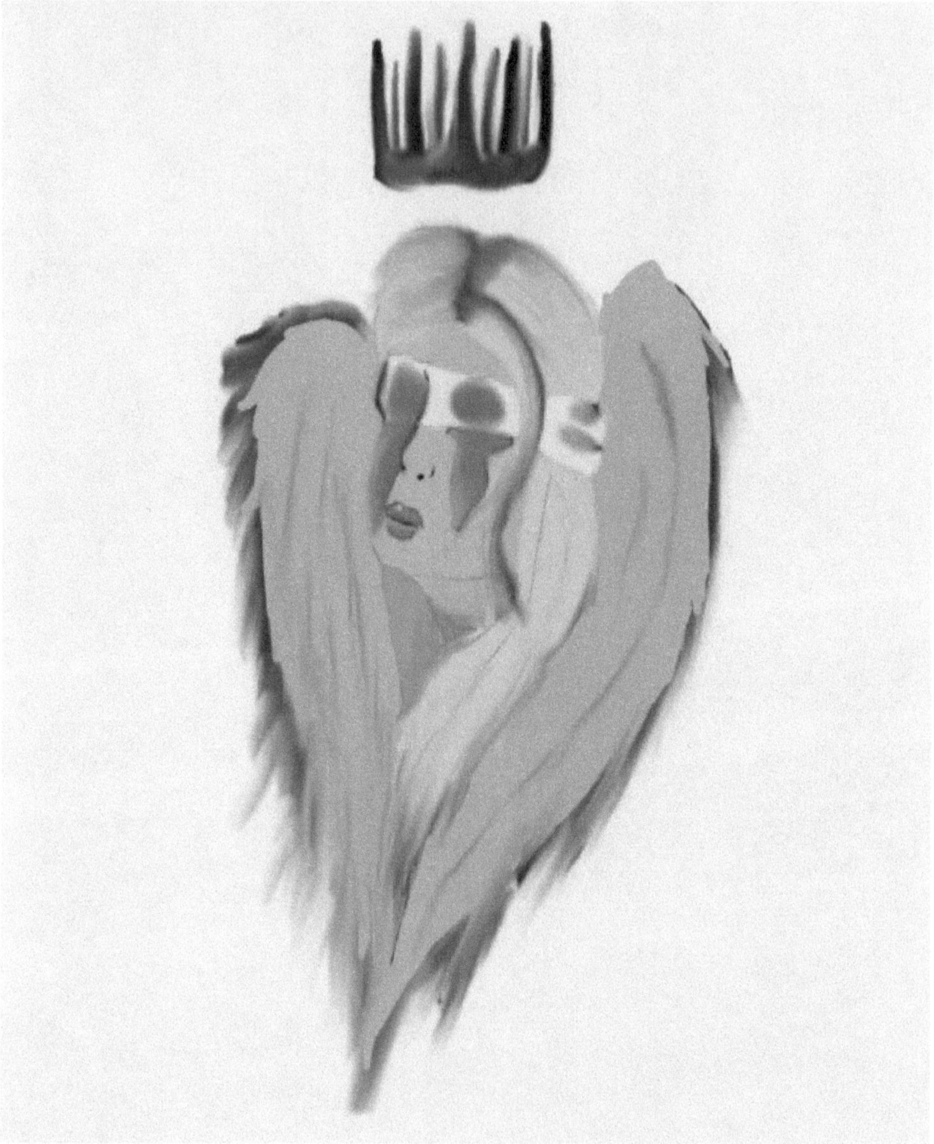

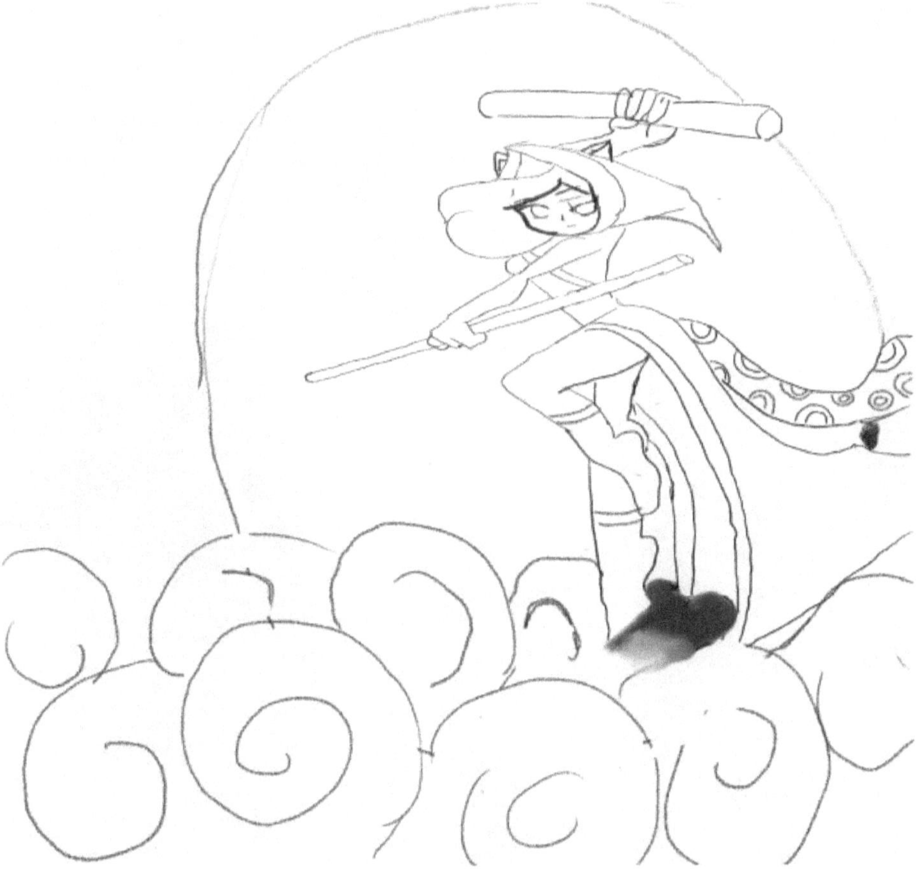

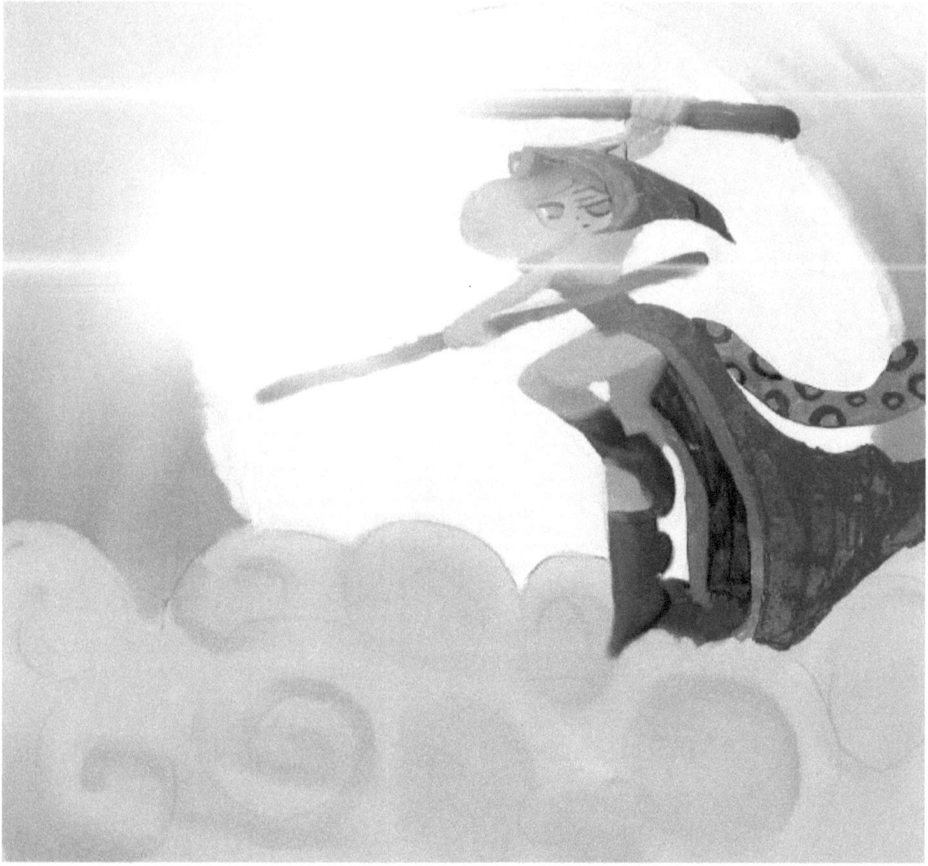

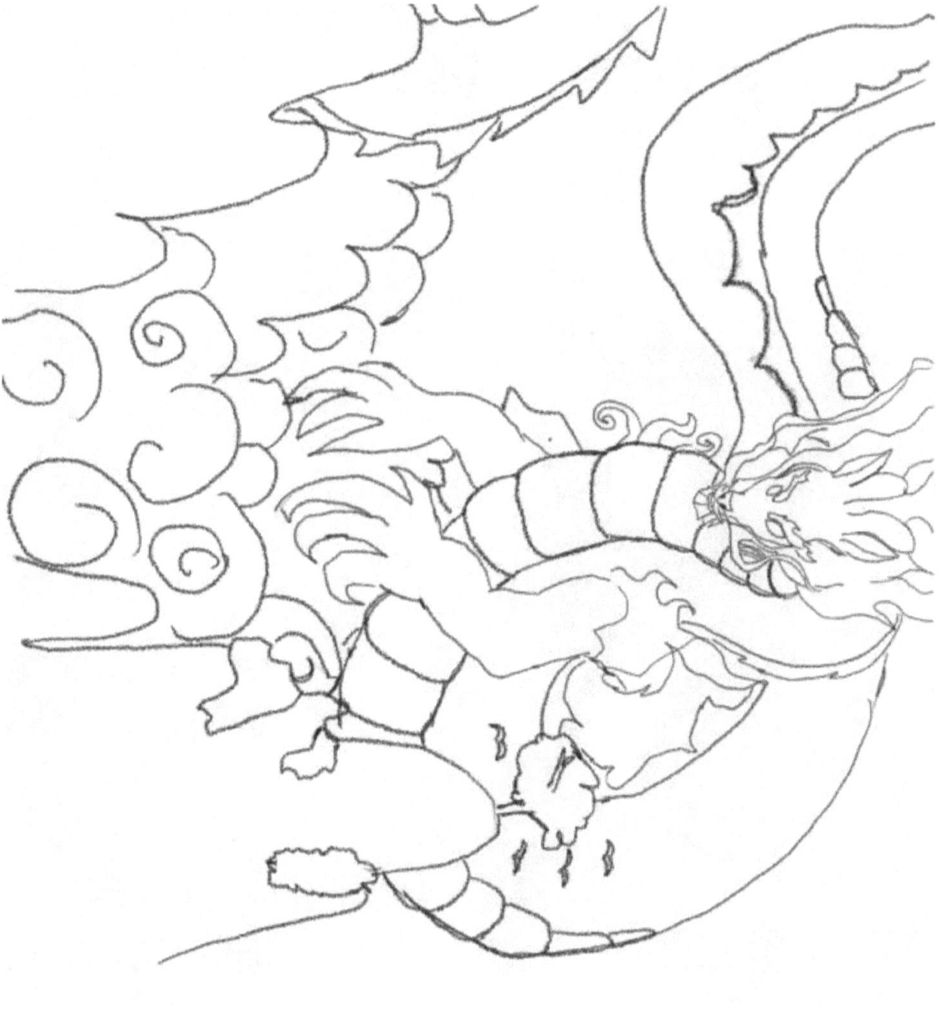

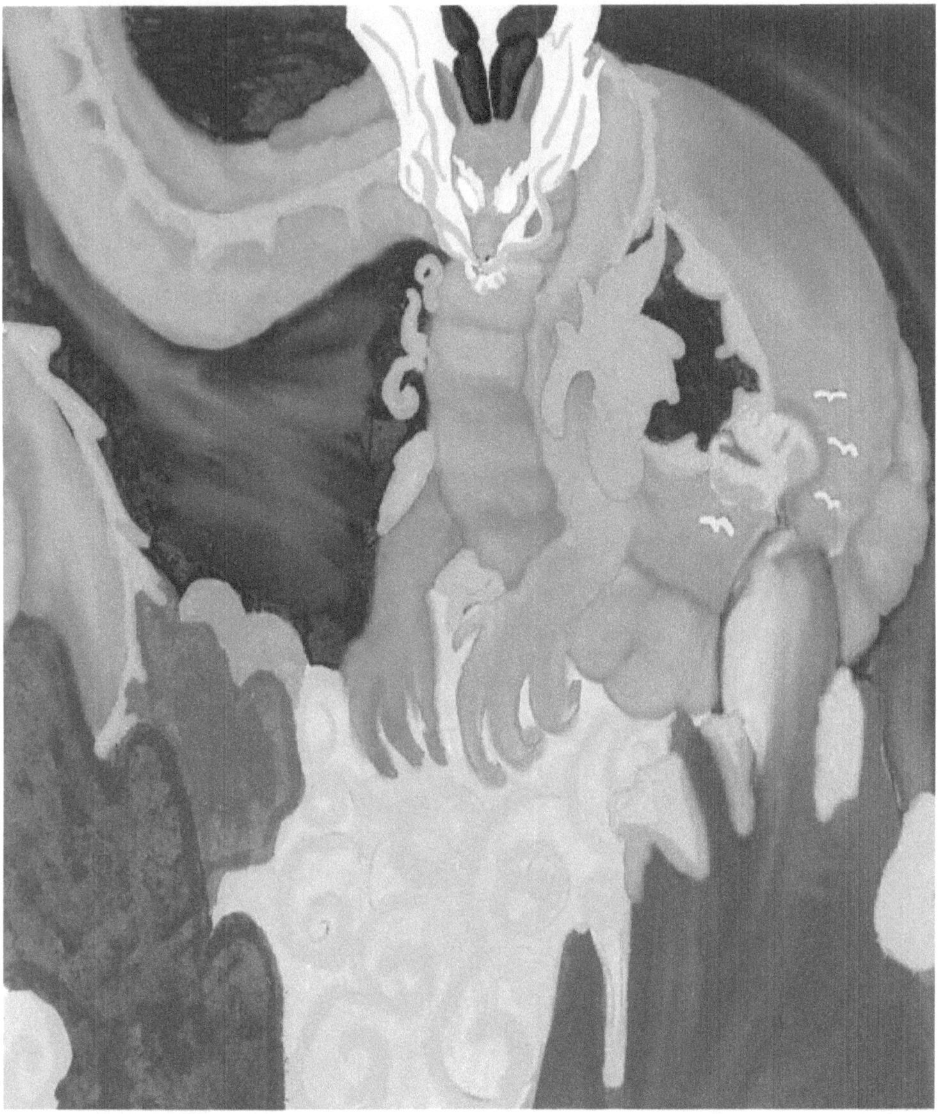

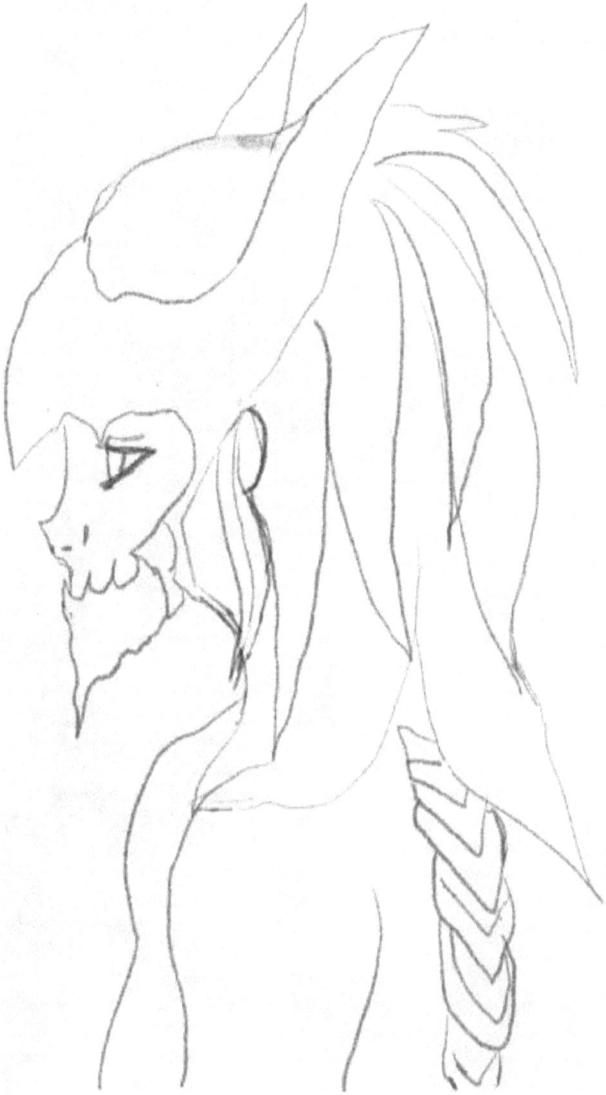

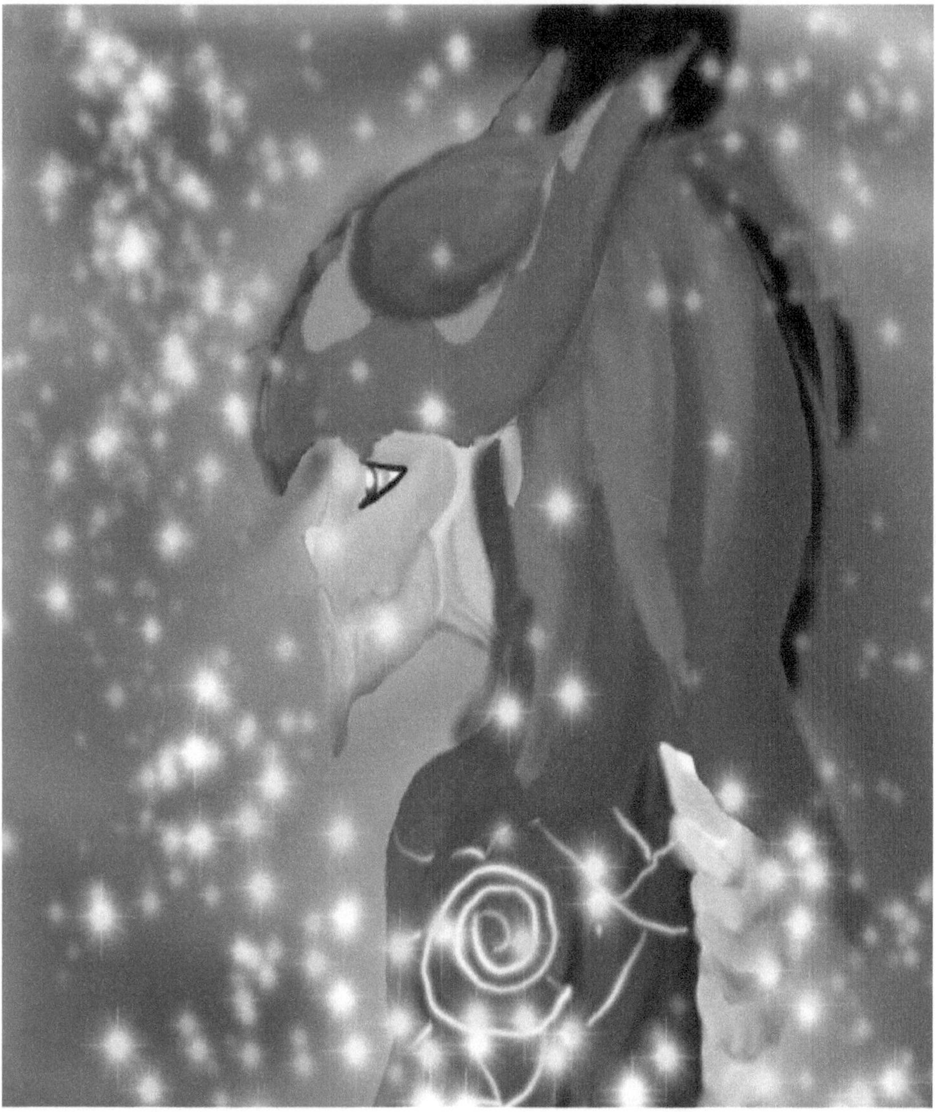

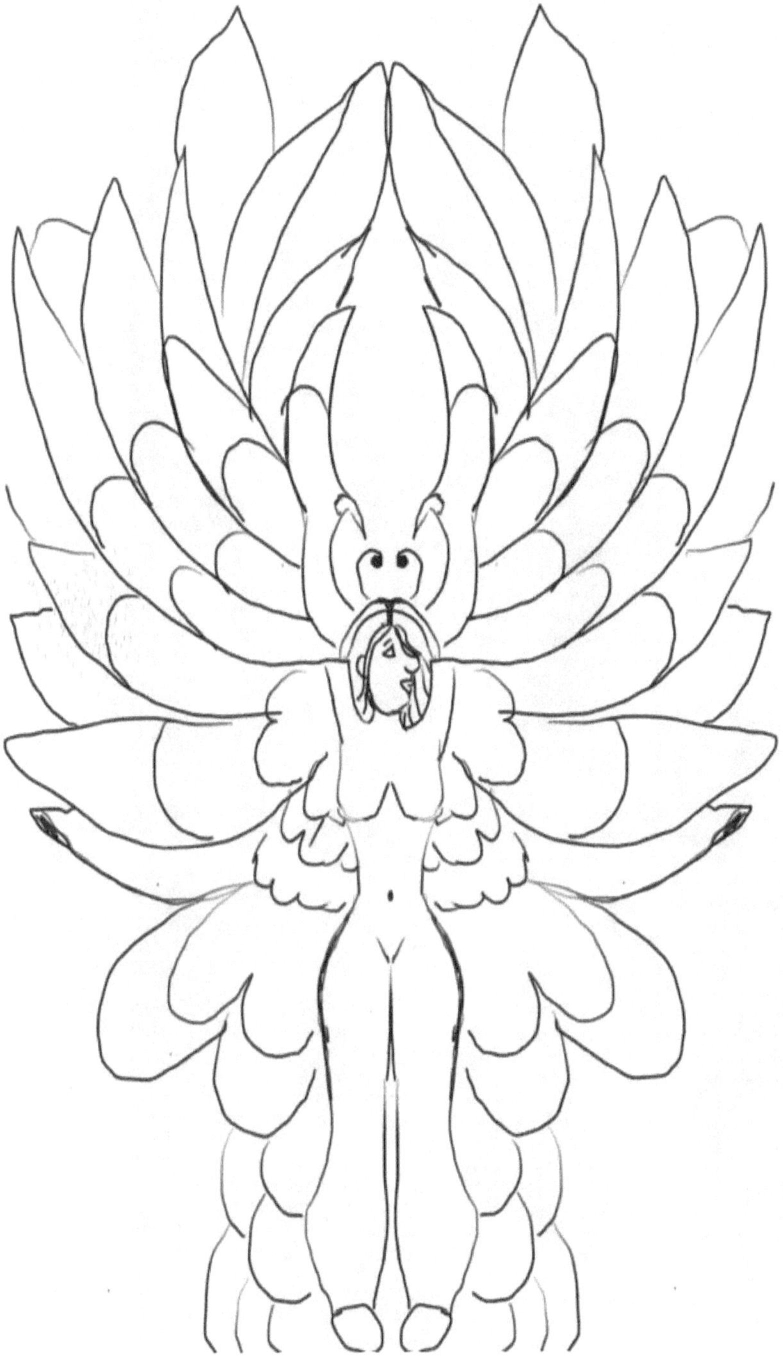

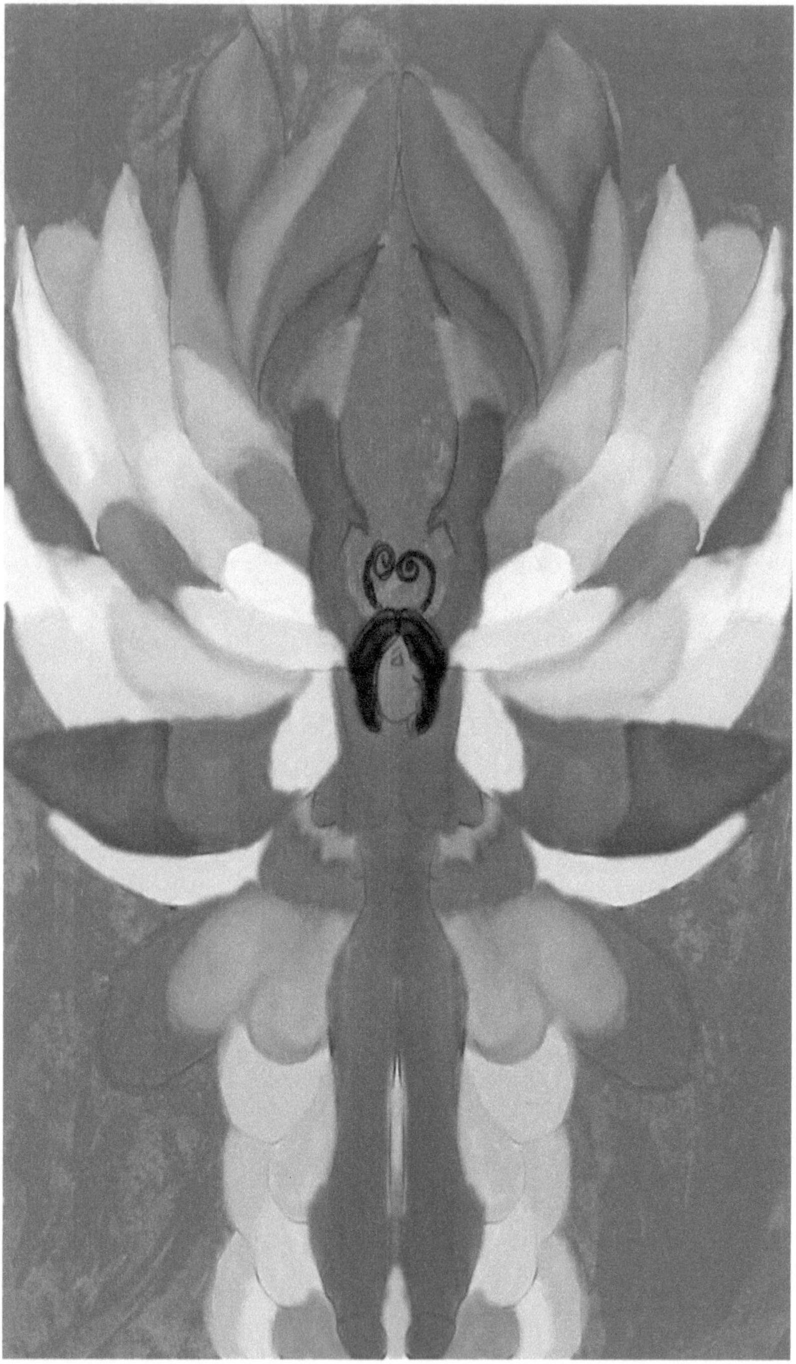

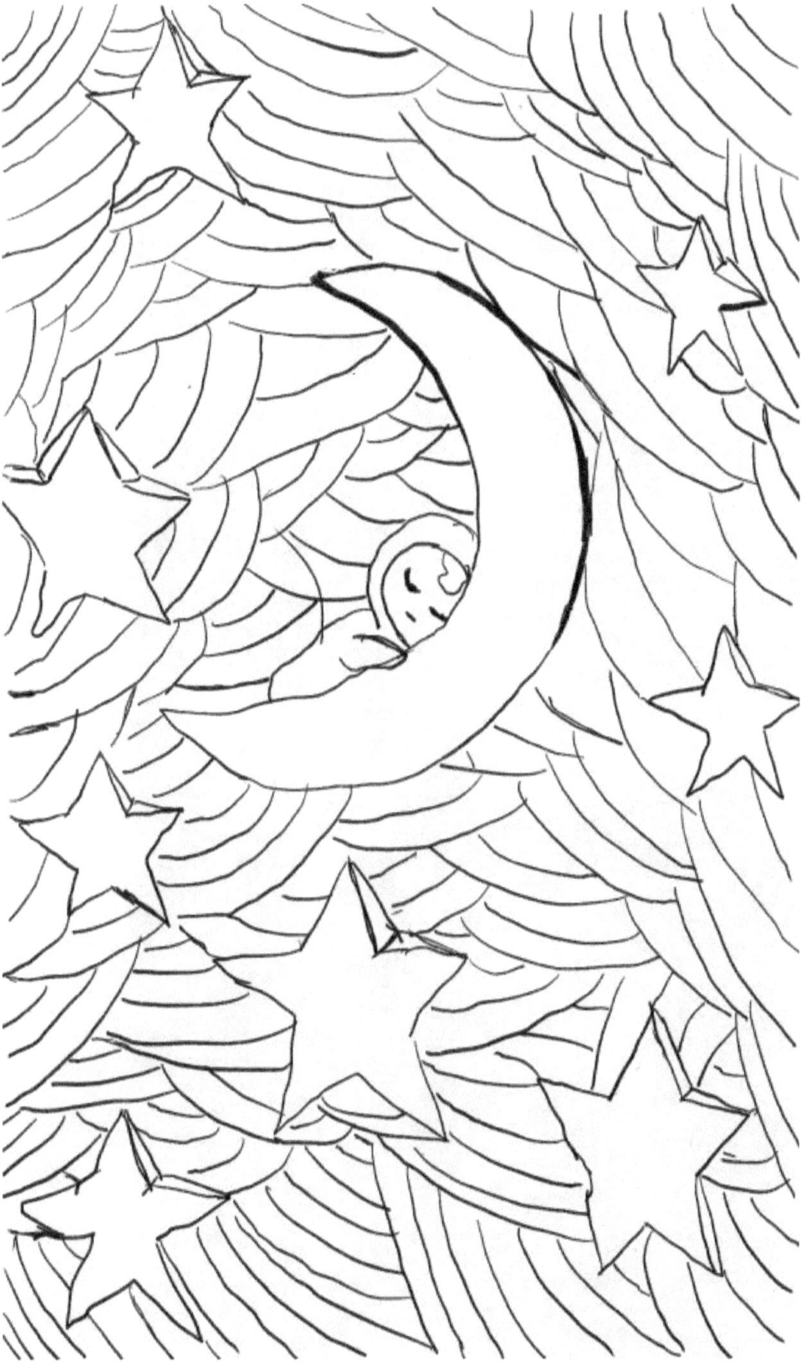

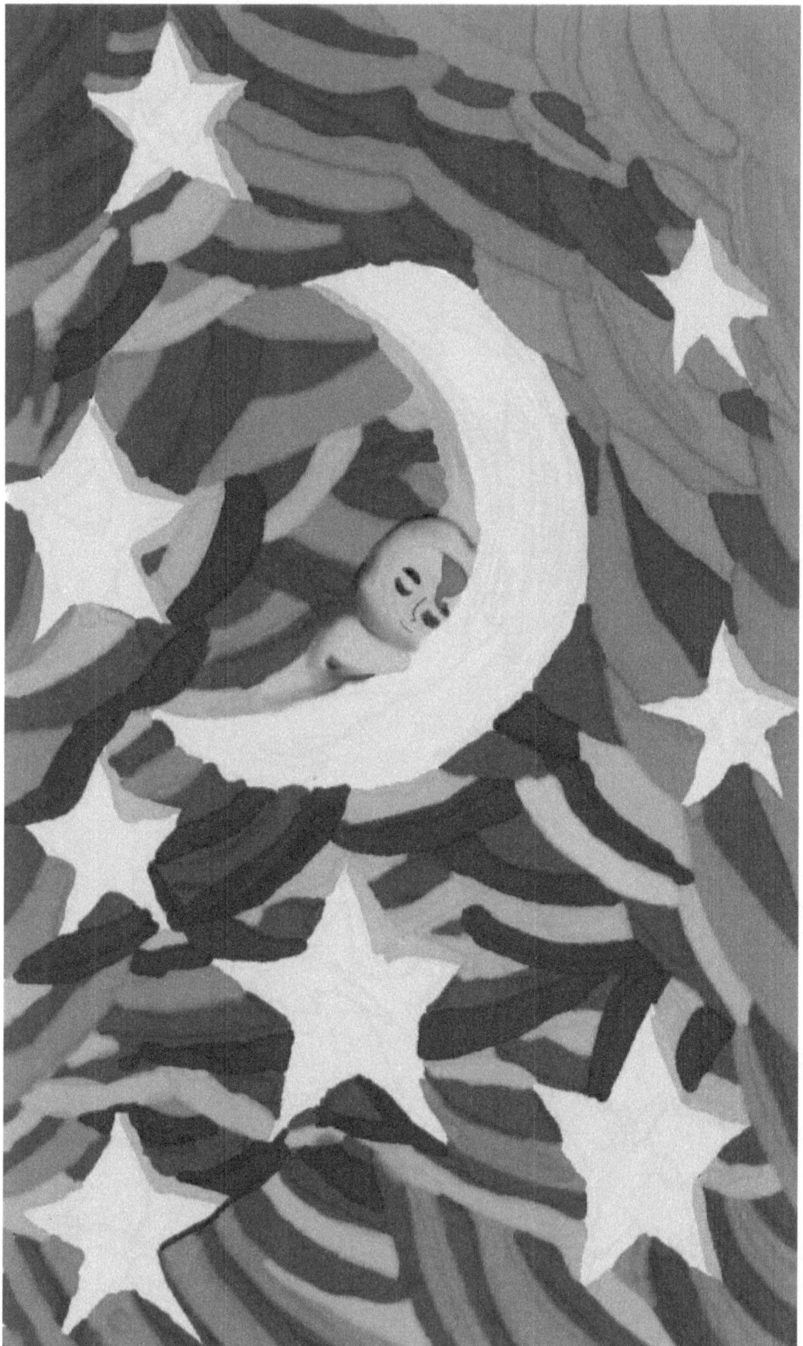

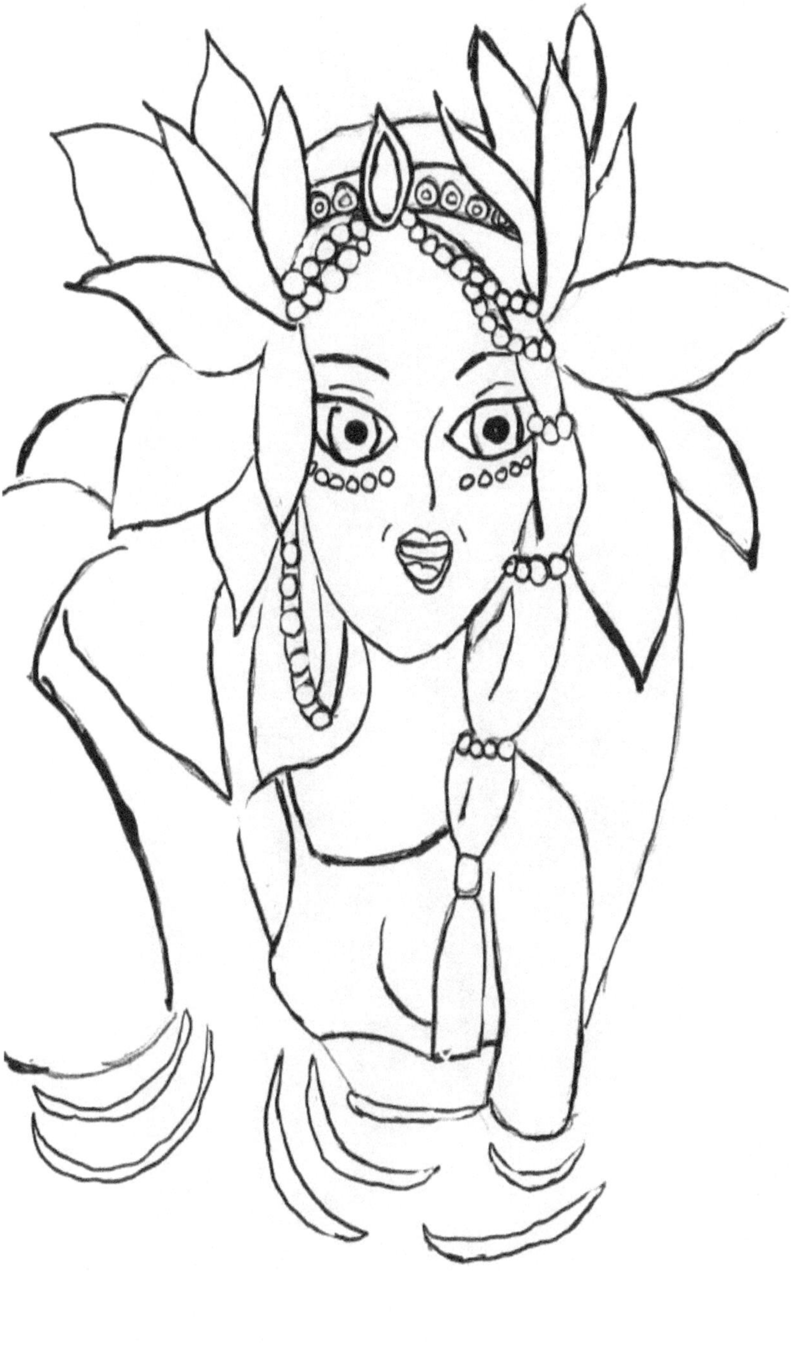

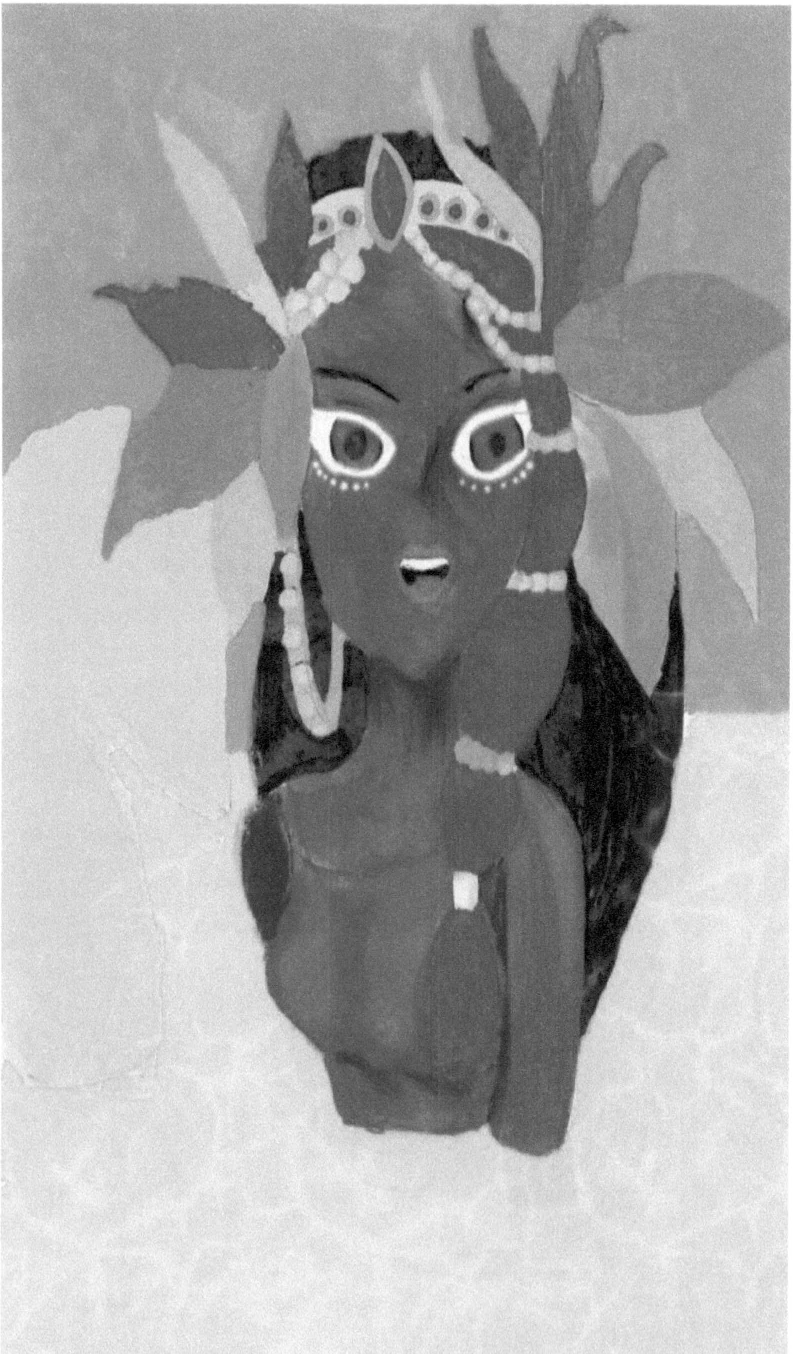

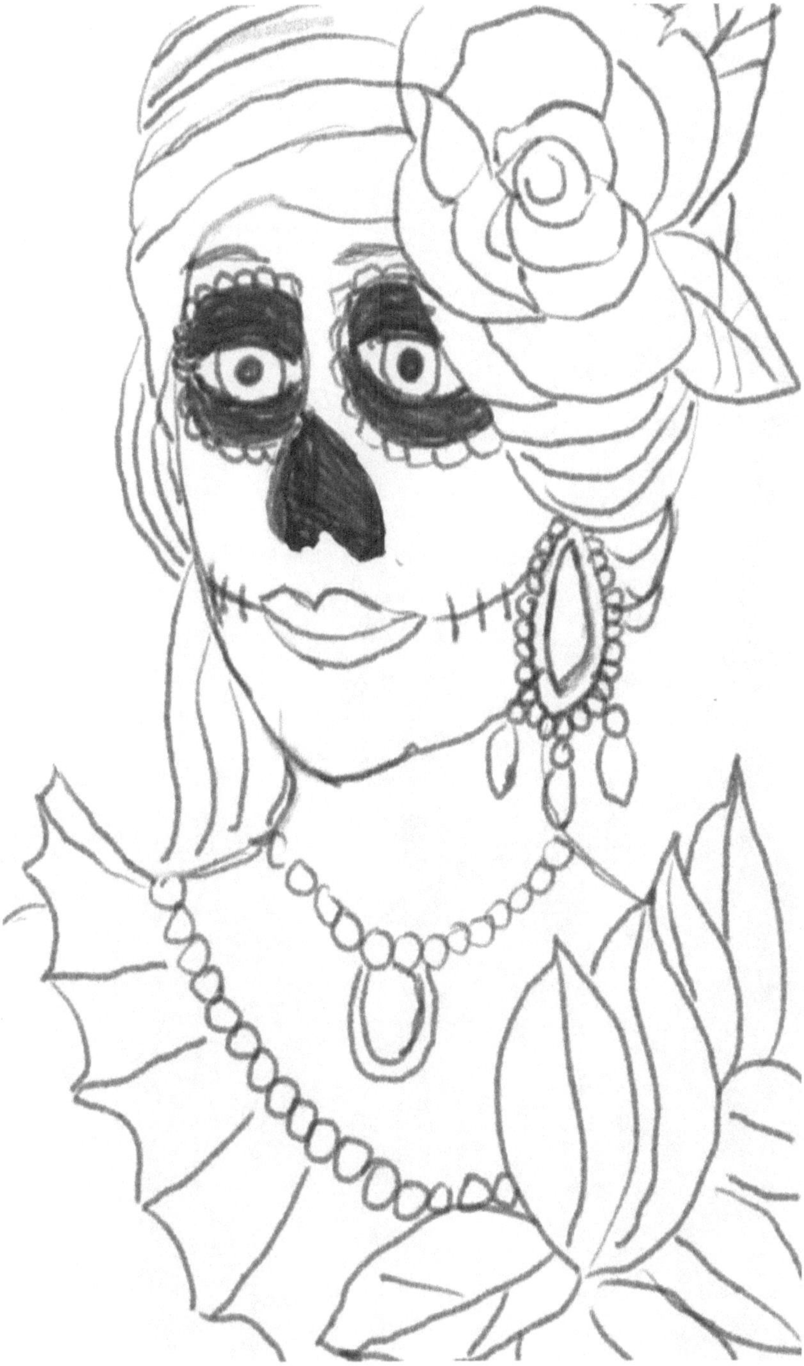

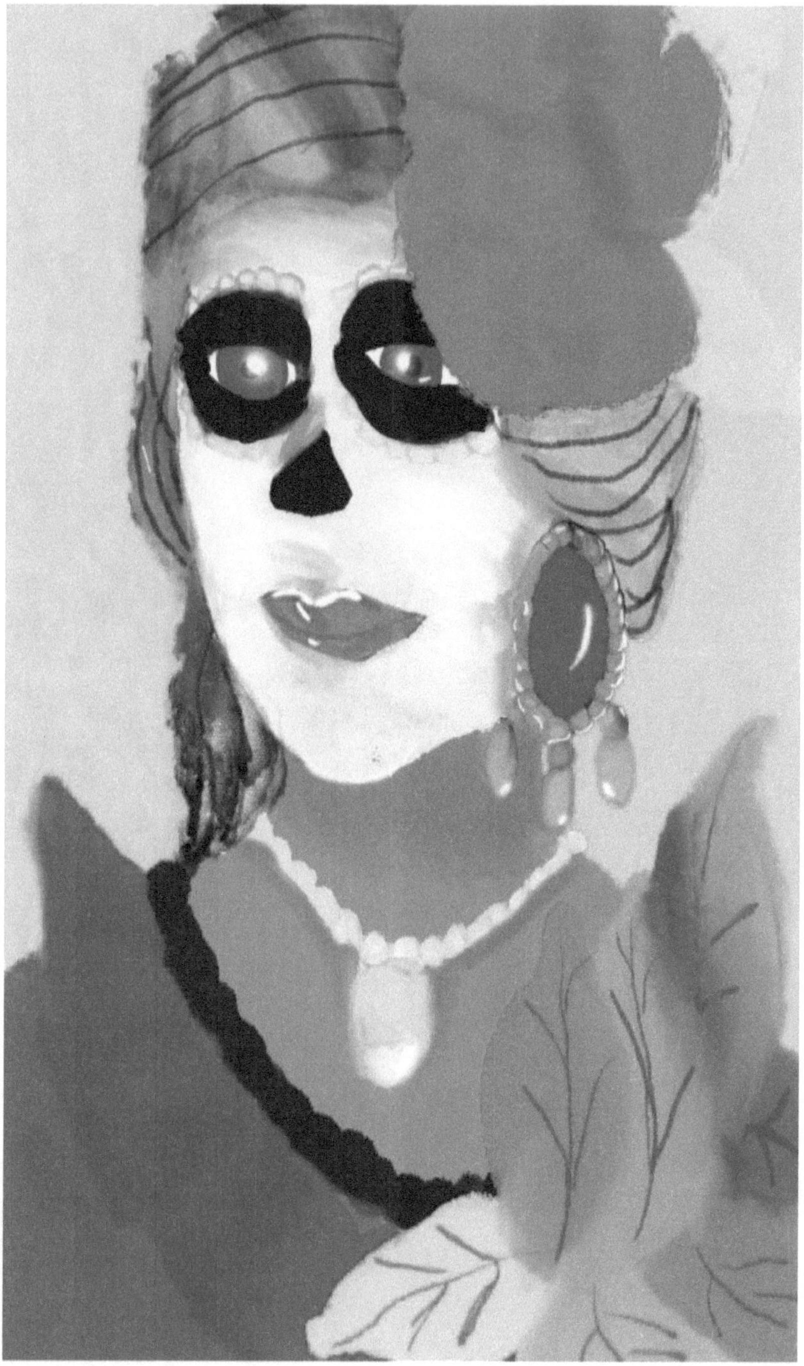

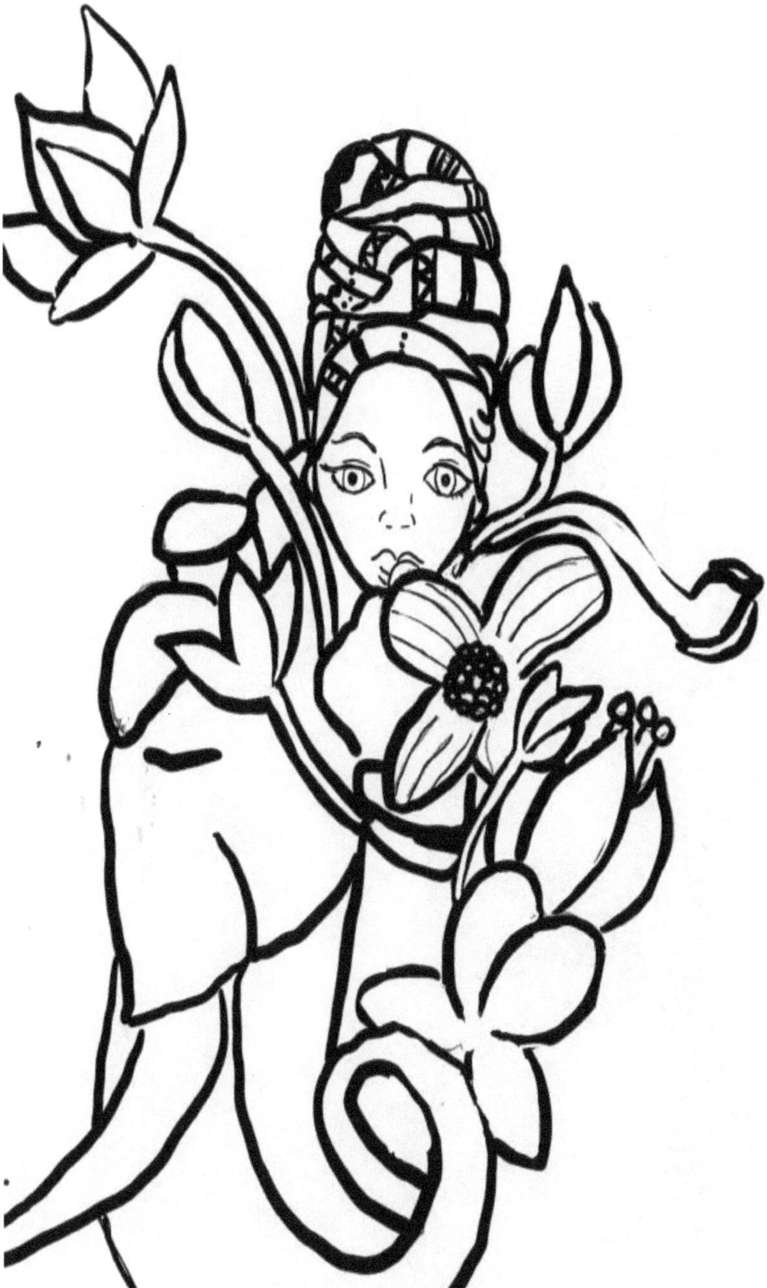

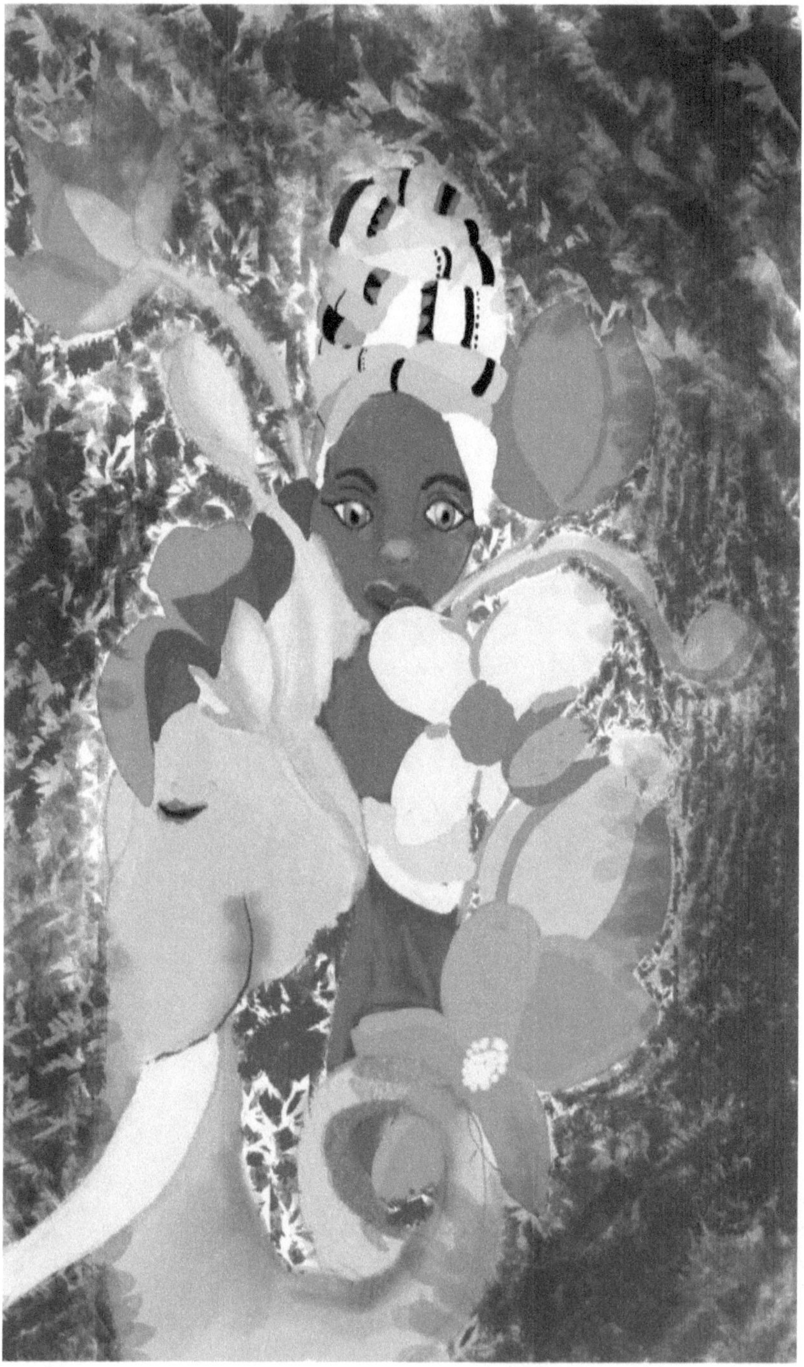

www.ingramcontent.com/pod-product-compliance
Lightning Source LLC
Chambersburg PA
CBHW030553220526
45463CB00007B/3071
* 9 7 9 8 6 4 7 2 5 9 5 7 8 *